Curelea Walter Ionuț

JURNALUL UNEI VIEȚI NEFERICITE

Nu vei ști și nu vei află niciodată cât de mult țin la tine...

Editor

BOOKS EVOPIXEL

Publisher

Copyright

Contact:

Email
no-reply@books.evopixel.ro
Website
https://books.evopixel.ro

Cuprins

PREFAȚĂ

O carte prin care autorul se expune cu vulnerabilitate și onestitate, din dorința de a se vindeca de el insuși. Citind această carte vei avea senzația că stai de vorba cu un prieten, care îți povesteste viata lui și din experiența căruia ai foarte multe de învățat! Inevitabil te vei regasi în confesiunea lui și vei conștientiza motivele din spatele unor comportamente, dar vei identifica și modul în care îți poți trata rănile și lipsurile emoționale.
Realitatea asta l-a speriat, realizează că nu știe să se iubească pe el însuși, a înțeles că nu face altceva decât să se raneasca. Așa a ajuns să caute solutii ca să iasă din tipare și să învețe să își ofere iubirea pe care a simțit că ceilalți nu i-o pot da.

PARTEA I

Începutul

Totul e frumos la început până când intervin vorbe, valori morale și ura masiva aduse din Neant în propriul nostru Rai pentru a ne distruge spertanțele și visele.

CAPITOLUL 1

Sincer nu știu dacă pot spune că m-am îndrăgostit de tine, dar simt cum aș face orice să te am în viața mea și simt cum mi-aș da și ultima suflare a vieții pentru a te vedea fericită și împlinită. Contezi enorm și asta e foarte important pentru mine, e ca un lucru demn de care nu pot renunța așa ușor. Vezi tu, nu credeam că voi ajunge să țin la tine, la fel cum nu am crezut la nicio altă fată că voi ajunge să țin, dar te iubesc, pot spune, pot tipa și în gura mare pentru că nu mi-e rușine s-o fac.

Am făcut multe greșeli, crede-mă și poate nu ți-am oferit nici ce voiai, dar asta știi de ce?

Fiindcă mă simțeam gol în interior și trebuia să umplu acel gol, ca să pot să supraviețuiesc.

Nu știu dacă ar trebui să te consideri norocoasă pentru că te iubesc, probabil ar trebui să fii doar fericită deoarece când iubesc pe cineva o fac cu toată inima și fără nicio reținere.

Crede-mă că am avut relații groaznice și nu știi chiar tot, pentru că am considerat că tu ești mai importantă decât trecutul meu nu tocmai minunat.

Am iubit o fată enorm, la fel cum te iubesc și pe tine, a fost frumos totul până când fata aceea s-a decis să își bată joc de sentimentele mele, habar nu ai cât am stat și am îndurat ca să pot să o uit, am tot căutat persoane de care să mă ataşez ca să pot să trec peste, dar ghici ce? Nu s-a întâmplat nimic, au fost toate nişte fail-uri maxime ce m-au întristat mai mult.

Tot ce am căutat a fost să am pe cineva acolo care să mă iubească şi să mă susţină în tot ce aş face eu în viaţa asta.

E tot ce a contat şi încă contează pentru mine. D-asta m-am şi aruncat în relaţii aşa uşor, deoarece nu mai rezistam stresului din jurul meu şi voiam înţelegere şi iubire.

Toate fail-urile astea prin care am trecut de atunci m-au făcut să mă apuc de fumat şi să-mi pierd încrederea în mine, crezând că nu sunt bun la nimic şi că nimeni nu o să mă iubească niciodată pentru că sunt un jeg de persoană ce merita efectiv să renunţe la viaţă pentru că nu este făcută pentru ea.

Am încercat şi am tot încercat să mă schimb, poate problema era de la mine până am întâlnit o fată nu din acelaşi oraş, superbă, cu care am vorbit enorm de mult, până am ajuns să mă cert cu ea. Ştii care era motivul, mă plăcea, dar de fapt nu ştia ce vrea de la mine şi motivul ei era că ea nu va mai iubi pe nimeni pentru că se cunoaşte cum este ca persoană şi nu merita nimeni să fie rănit de ea. O voi numi Miss X pentru că voi avea multe de povestit despre ea.

Vezi tu, ea m-a făcut să public totul pe Wattpad şi să mă expun mai mult în faţa tuturor cu sentimentele pe care le am.

Tot ea a început să publice pe Wattpad la susţinerea mea, întrucât era chiar foarte talentată. Au urmat multe chestii și m-a ajutat cu multe această fată, drept răsplată am ajutat-o și eu cu unele proiecte ce o depășeau, asta fix când am reluat legătura după mult timp, după care alesesem să rup orice legătură cu ea fiindcă era mult prea ciudată și nu o puteam înțelege, voia să vorbim, dar totodată nu voia să recunoască că mă place. Mie niciodată nu mi-au plăcut persoanele nehotărâte și care nu erau sincere. Crede-mă că am scris multe poezii despre ea, începusem să mă atașez de ea, chit că nu o văzusem până acum.

O uitasem pe fata ce efectiv a stat într-o relație cu mine 6 luni, 6 luni cu năbădăi, 6 luni în care m-a iubit, disprețuit, înșelat, a fost tot tacâmul, dacă pot zice așa. Fata aia mă înnebunise definitiv și îmi întorsese toată lumea peste cap. Până apăruse această Miss X cu care mi-am petrecut mult timp vorbind și în care ajunsesem să îmi pun atât încrederea cât și sentimentele.

Am rupt legătura, da? O perioadă mai lungă, cam 5 luni cred, mă rog, nu este relevant acest amănunt, ci că am ajuns să vorbesc cu ea din cauza unei fete pe care ajunsesem să o iubesc la pragul disperării. Ajunsesem la pragul în care credeam iar că trebuie să mor și că nu va mai exista nimeni în lumea asta care să mă iubească și pe mine.

CAPITOLUL 2

Ea mă salvase din lumea asta. Știi despre cine vorbesc, însă aș vrea să le fac cunoștință și cititorilor cu ea.

Era o fată pe care o întâlnisem în club, de revelion, întrucât în acea trecere minunată dintre ani rămăsesem cu moralul de tot la pământ, am mers în club cu niște prieteni ce nu mă lăsaseră cu fundul în balta de revelion, prieteni cu care nu prea mai vorbisem pentru că îi considerăm diferiți de mine. Nu mai mergea bine nimic în viată mea, nici proiecte, nici nimic. Parcă Universul complota împotrivă mea, dar fără niciun motiv.

În fine, am reușit să am un revelion frumos din punctul meu de vedere, m-am distrat sincer.

În club un prieten din cei cu care fusesem se îmbătase și se dăduse la o tipă. Hai să o numim Miss Y, sper să nu le confundați.

Ei bine, a fost totul frumos, m-am împrietenit și eu cu ea, m-am împrietenit și cu tipul cu care era, care de fapt, nu era iubitul ei sau ceva.

A fost superb totul.

După club am ținut legătură întrucât ne dădusem toți add pe Facebook.

Am continuat să ieșim cu toții, totul bine și frumos, m-am împăcat și cu cei ce mă lăsaseră de revelion, le-am făcut cunoștiță.

Viața mea începuse să prindă iar contur.

Până când... acea fată, Miss Y începe să râdă la tot ce spun eu. Nu știu, mă simțeam așa ciudat și într-un fel mă gândeam dacă mă place. Știi, de obicei fetele când rad la toate glumele tale de rahat, există șansă să te cam placa.

Eh, și nu știu dacă chiar m-a plăcut sau nu, dar știu clar pentru că a fost o perioada groaznică, cu înșelat și bătut de joc, cu spus de „Te iubesc" aiurea, cu petrecut de timp foarte mult împreună, ajunsesem să cheltui câte 100 de lei cu ea în fiecare zi.

I-am făcut și cinste la un moment dat.

Ce să spun, a fost o perioadă frumoasă, dar fata asta nu știu cât de mult m-a meritat și cât de mult a fost și ușuratică și panaramă și instabilă emoțional, nu știu, cum vreți voi să o considerați.

După toate cele întâmplate îmi promisesem iar că nu mai iubesc pe nimeni și că îmi iau iar zilele pentru că viată mea nu are niciun rost.

Ei bine, între timp, cât timp își bătea Miss Y joc de mine, reiau legătură și cu Miss X, nu știu cum, dar o reiau, voiam să mai vorbesc cu o fata că să-mi alin suferința și uite că, am vorbit, era bine, sănătoasă, aici începusem să o ajut cu ceva proiect și uite așa petreceam câte 8 ore pe apel și uite așa vorbeam iar mult, nu știu dacă începusem să țin iar la ea sau nu, dar pe fata din club ce-mi manca zilele, pe Miss Y o iubeam și mi-aș fi dat și viata pentru ea.

Fata asta începuse iar să îmi arate că ține la mine, dar o cam pierdusem din cauza fetei din club, eram mult prea îndrăgostit de ea ca să îmi mai pese de altcineva. Am regretat mult asta, am crezut că sunt important pentru ea și că își băgase mințile în cap și că știe ce vrea, de data aceasta. Dar se pare că a plecat cum a și venit, iar eu rămăsesem cu impresia că eu sunt de vina pentru că nu îi ofeream atenție și că atenția mea era concentrată către fata din club.

Nu prea a fost deloc așa, întrucât fata asta a ales să își bată iar joc de mine.

Și aici vine punctul culminant și tot ce mă macină pe mine în prezent și îți voi povesti și ție și cititorilor.

CAPITOLUL 3

Începusem să vorbesc cu tine și să mă descarc la tine emoțional pentru orice căcat îmi făcea Miss Y.

A fost o perioadă groaznică, dar crede-mă că m-ai făcut să mă simt minunat și am reușit să o uit cu ajutorul tău.

Îți vine să crezi că începusem să mă atașez de tine? De ce?

Erai minunată și mereu mă ascultai, vorbeam mereu orice căcat, îmi dădeai sfaturi, îmi erai alături și mă făceai să zburd de fericire când îți dădeam mesaj să vorbim.

La un moment dat îți dădeam screenshot-uri cu Miss Y doar ca să mă bagi în seama și să vorbim, nu știi asta, dar afli acum.

Da, începusem să mă atașez de tine și cred că ai observat asta, probabil d-asta și dădeai semne că sunt și eu important pentru tine. Nu știu, începuse să fie o perioadă din viața mea ce îmi doream să nu se termine niciodată.

Până, nu știu, s-a întâmplat ceva, tu știi cel mai bine, eu nu știu nici până în ziua de astăzi, eu doar am încercat să te înțeleg și să-ți fiu alături.

Am încercat să-mi transfer toate sentimentele alea ce le aveam pentru toate tipele din viata mea către tine, pentru că simțeam că meriți atenția mea și că ești singura persoană care mă poate face fericit. Erai dulce și minunată pe fiecare zi ce trecea și mă făceai să zburd de fericire de fiecare dată când vedeam mesaj de la tine.

Brusc, din nimic, începusem să nu îmi percep viată fără tine și să vreau să îmi petrec tot timpul din lume cu tine. Știi ce strică? Pandemia în care am fost și care m-a făcut să nu pot să mă văd cu tine în perioada aia. Îmi doream așa mult...

Și am zis că după toată pandemia asta, o să ne întâlnim și poate o să îmi și fac curaj să îți spun că te iubesc, dar vezi, altcineva o luase înainte, cineva din grupul de prieteni, cineva ce mă lăsase de revelion și cineva care nu știu cât de prieten mi-a fost.

Da, eram și eu pe afară atunci și n-am putut să mă bucur de faptul că te pot lua în brațe din cauza că eram prea supărat că nu mi-am făcut eu curaj să îți spun că vreau să te văd.

M-am comportat ca dracu cu tine atunci și nici n-am vorbit și nici nu știi cât regret asta acum. Am considerat că faptul că nu ți-am spus eu că vreau să te văd e mai important decât faptul că te puteam strânge în brațe.

Asta a fost, mi-am cerut scuze pentru tot atunci, dar nu ți-am spus și de ce mă simțeam așa de cacat în ziua aia.

Habar nu ai cât de mult a contat faptul că te-am luat în brațe atunci, deși, eu nu voiam pentru că eram într-un fel supărat pe tine, dar nu știu de ce, problema era la mine pentru că mă simțeam de rahat.

Crede-mă că n-am să uit îmbrățișarea aia niciodată, fiind și ultima pe care am mai avut-o.

Știu că așa e felul tău, să iei lumea în brațe random și te înțeleg de ce faci asta, pentru că ești foarte sensibilă și vrei afecțiune și pe lângă asta vrei să arați și celor din jur că îți pasă de ei.

Dar vezi, pentru mine a contat mult îmbrățișarea aia atunci și aș da orice să te mai pot lua în brațe acum.

Asta s-a întâmplat și d-asta m-am comportat ciudat uneori.

Asta e firea mea, dacă simt că cineva se comportă ciudat imediat îmi dau seama.

Și am realizat imediat schimbarea asta bruscă din partea ta asupra mea.

Nu știu, mie mereu mi-a plăcut să fiu sincer și deșii mi-a plăcut asta, n-am fost în stare să îți spun un amărât de „Te iubesc" fiindcă așteptam momentul potrivit. Așteptam să îți spun asta față în față.

Acum dacă stau mai bine să mă gândesc, nu știu cât de mult ții la mine în prezent, în trecut știu că ai făcut-o și dacă n-o să recunoști asta, comportamentul te-a dat de gol.

CAPITOLUL 4

Asta mă macină acum, că ești diferită și nu vrei să îmi spui de ce.

Știi, nepăsarea asta a ta m-a făcut să îi dau mesaj iar lui Miss X, fata cu Wattpad-ul, și nu știu cât de bine și frumos a fost, pentru că, deși vorbeam în fiecare zi cu ea, ne înțelegeam bine și ne spuneam toate căcaturile, mi-am cam luat-o în fund. Așa că am descoperit că am făcut foarte bine când nu i-am oferit atenția de care avea nevoie atunci când eram mort după Miss Y.

Dar știi care a fost gestul meu de căcat?

Că am preferat să renunț să încerc să văd ce ai și am ales să vorbesc cu altă fată, ca să nu fiu moody, în loc să îți fiu alături zi de zi.

Nu știu cât chef ai fi avut de mine, la cât de ignorantă ai fost în conversațiile cu mine în ultima perioadă, dar măcar nu eram un jeg să renunț, nici măcar pentru o secundă, la a vorbi cu tine.

Acum ți-am dat block ca un idiot ce sunt, așteptând să mă cauți, că cine știe ce persoană importantă sunt eu pentru tine.

Și știu că nu o să primesc vreodată mesaj pe alte căi de la tine, pentru că nu te mai comporți cum o făceai, dar crede-mă că nu îmi face bine să știu că nu mai ești cum erai.

E groaznic să știu că persoana la care țin se comportă ciudat și că persoana la care țin nu vrea să iasă afară, dar dacă îi dă altcineva mesaj – persoane mult mai importante decât mine, evident – imediat este afară.

Tot ce mi-am dorit a fost să pot să te mai iau în brațe și să îți spun probabil tot ce simt.
Dar asta a fost să fie acum și nu pot schimba nimic, pentru că nu eu sunt centrul Universului și nu totul depinde de mine.
Așa sunt eu, funcționez pe sentimente uneori, și cred că asta este cea mai mare greșeală a mea.

Nu vei ști și nu vei afla niciodată cât de mult țin la tine și cred că asta îți și dorești, așa că am să îți fac pe plac și nu mă voi mai chinui atât să îți arăt cât de mult țin la tine.
Poate am mai spus-o și prin mesaje, dar le-am șters.
Poate am mai spus-o și prin alte mesaje mai lungi, dar pentru tine a fost mai important faptul că te-am făcut și proastă în mesajele alea decât că te iubesc.
O să o spun și aici – oricum, altcumva nu am ocazia să o spun și, oricum, cred că este un lucru nesemnificativ și un amănunt ce se pierde printre detalii.

Te iubesc.

PARTEA II

Întrebarea

Mereu vei ajunge la mii de întrebări în dorinta ta orbita de a cunoaste fericirea inexistentă până în prezentul uitat de toți, prezentul ăla jegos de care nu esti mândru și nu vei fi niciodată.

CAPITOLUL 5

Și poate mă întreb și mă voi întreba întotdeauna dacă am contat pentru tine și dacă mai contez, dar tot ce știu e că o să clocotesc de dor și o să mă sufoc încercând să aflu adevărul și ce a fost la mijloc.

Știi, uneori, când vezi că totul e frumos și că viața ta prinde un contur, nu mai stai să te gândești că totul se poate termina la un moment dat, așa, aleatoriu, fără niciun motiv concret.

Mă întreb și o voi face mereu și, poate, când voi cunoaște și eu adevărata fericire, voi ști dacă chiar ai ținut la mine sau am trăit doar un vis care, în timp, s-a plafonat și a devenit un coșmar murdar, din care vreau să dispar, dar care mă reține din a vrea să evoluez, care mă trage înapoi și mă aduce iar cu gândul și cu dorința de a renunța de tot la viața asta plină de valori morale, jeguri și oameni de nimic.

Poate doar am avut eu ghinion pentru că mi se întâmplă toate aceste lucruri, dar mă tot întreb: oare cât timp voi mai avea ghinion? Oare cât timp voi mai îndura acest chin ce nu mă lasă în pace, acest chin involuat ce nu vrea să fiu fericit și-mi bântuie până și visele frumoase pe care le mai am din când în când?

Mă întreb multe chestii, să știi. Mă întreb dacă și tu ești ca restul, mă întreb dacă a intervenit cineva în toată chestia asta, mă întreb dacă ce s-a întâmplat a fost un lucru așa, random, doar ca să-ți bați joc de mine. Știi, unele persoane fără scrupule fac asta destul de des, se hrănesc cu ură ca să trăiască.

Eu, unul, nu vreau să mă înghită ura și să devin un insensibil, arogant și egoist.
Crede-mă, ajunsesem așa o perioadă și nu m-am simțit în pielea mea. Era ca și cum încercam să copiez pe altcineva... poate pe tine, poate pe alte persoane ca tine.

Întrebările pe care mi le pun noapte de noapte nu vor avea niciodată un răspuns. Știi de ce? Pentru că nimeni nu mă va ajuta să găsesc un răspuns la ele, iar pe mine mă depășesc total.

Știi, uneori mă întreb cum ar fi fost să fiu spiritual, să cred în ceva și să nu încerc mereu să cred doar în mine și în puterile mele proprii. Oare ar fi fost mai bine? Pentru că, vezi tu, oricum nu știu câtă încredere mai am în mine după 20 de ani de chin în viața mea.

Oare când tot ce vrei e să fii iubit, așa ajungi? Bătaia de joc a unor persoane ce zic că ar da miliarde de euro pe tine, dar, de fapt, nu ar da nici doi bani.

Oare asta se întâmplă când crezi și nu încetezi din a crede că, la un moment dat, te va iubi și pe tine cineva așa cum ești? Pentru că nu cred că sunt perfect și nu m-am considerat niciodată așa. Mereu greșesc și eu fără să vreau și ajung să regret unele lucruri la un moment dat.

Dar oare merită să mai am răbdare cu tine și să tot încerc să vorbesc cu tine?

Nu știu. Eu aș vrea să fac asta, dar mă izbesc de un zid de fiecare dată când o fac, deoarece dai senzația că nu ai da doi bani pe mine și că te simți deranjată de faptul că îți dau mesaj și îmi dau interesul față de tine.

Ești ca și cum nu te-ar interesa nici viața mea și nici faptul că mie îmi pasă de tine. Te-ai transformat brusc în celălalt pol magnetic și respingi tot ce este legat de mine.

Doare, să știi... asta dacă te interesează măcar atâta lucru.

Asta dacă măcar 5% contez pentru tine.

Aș fi preferat să mă înjuri și să mă faci în toate felurile, decât să te comporți așa rece și dur, dar, în același timp, tot tu să fii ființa inofensivă din toată povestea, de fiecare dată.

CAPITOLUL 6

Mai are rost oare să te mai iubesc și să îmi tot imaginez că totul este o fază mai nașpa prin care treci și că totul se va schimba la un moment dat?
Mai este important faptul că încă mai țin la tine și probabil o voi face mult timp de acum încolo?
Sau doar mă sinucid crezând aceste lucruri?

Sau poate am fost eu un prost și mi-am imaginat că sunt fericit și că ai ținut, la un moment dat, la mine. Spune asta, chiar te rog. Știu că asta este singura ta scuză ca să ieși bine din toată situația asta, pentru a nu te considera lumea ceea ce ești de fapt. Spune, te rog, că a fost doar o joacă, așa, din plictiseală, în pandemie. Fii ca restul, dar măcar fii una ca ele, cu tupeu și orgoliu, care știe cum este și își asumă tot.

Sau ești încă o copilă care nu știe ce vrea și pe care o mai mănâncă din când în când ceva? Asta este adevărul? Chiar aș vrea să îl ascult din gura ta și să fii măcar o dată sinceră cu cineva.

Știi, când îmi spuneai că mereu tu ai fost bătaia de joc a tipilor cu care ai stat în relație, chiar te-am crezut. Acum, însă, încă mă mai gândesc, pentru că, pe zi ce trece, încep să le dau dreptate tuturor celor care te cunosc și au avut o relație cu tine.

Nu știu dacă ai observat sau nu, dar eu mereu am pus fetele la care țin pe primul loc, deasupra prietenilor. Mereu am crezut că prietenii sunt, de fapt, invidioși și spun tot felul de căcaturi despre mine, pentru a nu mă vedea fericit nicio clipă. Însă nu pot să iau o decizie concretă în ceea ce privește acest amănunt, mai ales acum, când este o luptă între a crede ce spun alții despre tine și a vrea să discut cu tine. Dar vezi tu, tu refuzi orice moment în care aș putea discuta cu tine.

Mai pe scurt, te doare fix în pizdă de viața mea și de faptul că eu, poate, chiar țin enorm la tine și te-am pus, o perioadă, pe primul loc, deasupra tuturor. Hai, neagă, te rog, că nu este așa! Ai puterea să faci măcar asta? Sau nici asta nu te interesează?

Dar tot tu ajungi să te plângi că ești singură și că nu te vrea nimeni, că toți și-au bătut joc de tine. Oare de ce, draga mea?
Să mai spun eu și să îmi bat capul cu ce greșești, sau îți vei da și tu seama la un moment dat?

Pentru că te comporți ca dracu, de-asta! Și pentru că ești de părere că oamenii sunt doar niște sclavi de care te mai folosești din când în când, ca să te simți și tu fericită.

Auzi? La fericirea altora te-ai gândit?
Știi cum să te comporți în societate și cum să ții oamenii de valoare lângă tine? Nu, pentru că nici tu nu ești un om de valoare. Probabil și pentru că asta îți place să fii.

Știi ceva? Măcar nu te mai plânge atât că nu te iubește nimeni și că și-au bătut joc de tine unele persoane despre care spuneai asta. Fii, odată, ceea ce ești și mândrește-te cu ceea ce ești! Chiar dacă nu îți place cum ești, tu ai ales să fii așa. A fost viața ta și tu ai făcut-o așa, nu eu, să știi.

Eu tot ce am vrut a fost să vreau să ne fim alături, pentru că mi se păruse că ești o fată cu capul pe umeri. O fată ce știe ce vrea și care a avut doar ghinionul să fie rănită de jeguri de oameni, cum am fost și eu rănit, de altfel.

Dar, de fapt, care este adevărul?
Te las să îl spui tu. Ai și tu simțul răspunderii? Pentru că nu mai ești o copilă, ești o femeie în toată firea.

Să știi că eu chiar te-am iubit, proasto! Am mai spus asta. Te-am iubit așa cum ai fost, dar nu pot să te iubesc când știu că ești un monstru cu mine și te doare fix undeva de tot ce aș putea face pentru tine, ca să fii fericită și să nu te supere nimeni și nimic vreodată.

Am mai spus asta și o să o tot spun până vei înțelege măcar acest amănunt și până îți vei asuma tot.

CAPITOLUL 7

A contat măcar o clipă că eu îți oferisem șansa să îți fie cineva alături și să îți ofere tot suportul de care aveai nevoie?

Nu, n-a contat, pentru că știi doar să te plângi, dar nu faci nimic în privința asta.

La fel ca mine, mă plâng că dau de proaste care își bat joc de mine, dar eu tot rămân și îmi bat capul cu ele. Măcar eu am o scuză: le iubesc. D-aia. Tu ce scuză ai?

Orgoliul tău poate fi singura scuză, dar crede-mă, orgoliul nu este o scuză și nu va fi niciodată. Orgoliul va fi doar o armă dură împotriva celor ce te iubesc cu adevărat.

Imaginează-ți cum ar fi să fii mamă și copilul pe care l-ai născut să își bată joc de faptul că îl iubești ca mamă. Este același sentiment, crede-mă, și e un sentiment groaznic. Oamenii care fac asta sunt niște oameni de nimic.

Asta vrei să fii? Măcar recunoaște ce vrei să fii și nu te mai ascunde printre norii albi din cer.

Știi cât de importantă este sinceritatea în relaționarea cu oamenii, mai ales cu cei care te iubesc și ar face multe pentru tine? Este ca o sursă de oxigen.

Aș fi preferat să închei convorbirea cu tine pe viață decât să fii atât de nesimțită și nesigură pe tine, crede-mă. Mai bine mă făceai să te consider instant un jeg de om, decât să stau să îmi pun atâtea întrebări. Măcar așa ai fi avut respect față de oamenii din jur. Așa, ce ai? Că, la un moment dat, oricum voi ajunge să te consider un jeg de om, după ce vor dispărea căcaturile astea de sentimente ce mă trag în jos.

Crede-mă că nu ești mai presus de nimeni și ești la fel ca fostele mele. Eu am încercat să te ajut. Măcar lucrul ăsta a contat? Că am încercat să te fac să vii cu picioarele pe pământ și să te schimbi? Tot zici că vrei asta, că încerci, că regreți unele chestii.

Aș fi preferat să fac cum a făcut un tip care te plăcea (și știi la cine mă refer, pentru că îl cunoaștem amândoi): să te las cu fundul în baltă fix când îți dai și tu seama că ești proastă. Să-mi găsesc altă iubită și să te las să plângi pe la mine pe la poartă. Dar nu-mi permit să fac asta, pentru că eu sunt bun cu toți și mai ales cu persoanele la care țin.

Aștept să mă urăști pentru tot ce am zis. Măcar ură, dacă iubire nu, nu-i așa? Măcar așa știu că ai și tu un sentiment față de cineva și nu mai ești o scârbă, cum te mai faci de multe ori.

Am fost rău? Știu. Tu m-ai transformat, și îți mulțumesc. Chiar aveam nevoie de asta, ca să țin la distanță oamenii ca tine. Oamenii care nu știu ce vor, care nu sunt ceea ce pretind că sunt și care își bat joc, pentru că nesimțirea lor e prea mare.

Oamenii ăștia nu pot fi considerați oameni, dar nici animale. Știi de ce? Pentru că animalele, măcar, știu ce vor mereu.

Un animal, când îi este foame, omoară alte animale. Dar nu face asta din ură, o face pentru a supraviețui. Oamenii ca tine fac asta de bunăvoie, fără niciun argument concret la mijloc.

Vezi diferența?

D-aia am ajuns să iubesc mai mult animalele în ultima perioadă decât oamenii. Pentru că sunt mult mai bune decât oamenii și pentru că sunt mereu echilibrate.

Noi ce suntem? Animale evoluate, nu? Asta înseamnă că evoluția aduce prostie? Mai bine rămân prost și bun, decât să evoluez ca să mă înghită ura.

Știi, chiar nu înțeleg de ce mi-ai mai fost suport emoțional când Miss Y își bătea joc de mine, dacă, de fapt, nu îți păsa deloc. Ai avut nevoie de oameni care să te considere minunată, pentru că nu prea mai existau persoane care să facă asta?

Recunoaște asta. Te face măcar puțin mai inteligentă și capeți mai mult respect în ochii oamenilor.

Ai fi putut să ai totul. Dar ghici ce? Îți bați joc. Pentru că ție asta îți place să faci și pentru că asta te hrănește.

CAPITOLUL 8

Aș fi încercat să îți fiu alături și acum și să te fac să te schimbi cum vrei, pentru că încă te mai iubesc, dar întrebarea este: Vrei asta?
E o diferență între a spune că vrei și a vrea, să știi.

Tu știi câte nopți nu am dormit eu din cauza ta în ultima perioadă, pentru că îmi tot puneam mii de întrebări ce mă țineau treaz? Tu știi că până și acum, scriind această carte, îți dau importanță? Contează asta pentru tine, măcar?

Să știi că pe mine nu mă avantajează cu nimic scriind această carte, doar mă descarc spiritual și poate învăț niște minți și adolescenți cum să reacționeze când dau de persoane ca tine.
Sunt mândru de asta, măcar atât să fac și eu, dacă altceva nu mai am puterea să fac, din cauza ta.

Da, din cauza ta nu mai am chef să fac multe lucruri ce altădată mă făceau fericit, nu mai am timp să fac asta, pentru că stau non-stop să mă gândesc la ce se întâmplă cu tine și dacă acum ți-ai arătat adevărata ta față sau dacă e doar o perioadă mai proastă. Contează asta, draga mea?
Nu, normal, eu sunt un nimic în viața ta, un nimic ce ține enorm la tine.

Și crede-mă că ai să mă pierzi și pe mine, dar degeaba, dacă nu vei realiza cu ce greșești și vei

rămâne la fel, crede-mă. Eu voi pleca și poate îmi voi
întâlni fericirea și o fată cu capul pe umeri, dar tu, ce
vei realiza? Nimic.

De fapt, de ce dracu' stau așa mult să mă tot
gândesc ce vei realiza, când ar trebui să nu dau nici
eu doi bani pe tine?
Ale dracu' sentimente și protecția pe care o am
asupra ta, că mă distrug și mă tot distrug pe mine
vrând ca tu să fii bine și fericită.

Scuză-mă că sunt prost, dar prostia asta a mea
ar trebui să te facă cea mai fericită femeie.
Și nu te va face, pentru că nu știi să apreciezi ce ar
face unii oameni pentru tine.

Spune-mi, te rog, că asta nu este o mare
problemă, pentru că te voi contrazice total – este cea
mai mare problemă.
Măcar să apreciezi că este acolo un prost de care nu
îți pasă, dar care chiar ține la tine și ar face multe
pentru tine și care și-ar da fericirea lui pentru a fi tu
fericită.

Vrei să o spun iar?
O spun, bine. Te iubesc. Contează?

Prefer să evit subiectul de data aceasta, pentru
că nu știu răspunsul și pentru că indiferența ta mă
face să cred alți oameni, în loc să am încredere în
tine.
De-asta este importantă comunicarea și sinceritatea,
pentru că ajungi să crezi niște oameni care poate nu
ne vor fericiți nici pe mine, nici pe tine.

Dar stai, nu știi să comunici și să fii sinceră, pentru că nu ai învățat asta, sau poate, pentru ea, ești mult prea preocupată să fii indiferentă și rece.

Să știi că nu m-ar deranja dacă mi-ai spune că ți-ai găsit un pulăraiu între timp, aș trece peste la un moment dat și te-aș considera puțin mai nesimțită decât ești acum. Deci, ar fi mai bine, crede-mă.

Știi de ce? Pentru că ai fi sinceră și nu te-ai mai învârti într-un cerc pe care l-ai creat în ultima perioadă.

Să o mai spun?
Te iubesc, draga mea, și crede-mă că tot ce vreau e să fii fericită, pentru că ești o bucățică din mine.

PARTEA III

Uitarea

31

Uneori e bine să vrei să uiți un lucru graznic din viața ta, însă trebuie să știi ce îți dorești de fapt pentru a nu ajunge de unde ai plecat, întrucât există șansa să regreți alegerile făcute.

CAPITOLUL 9

Da, încerc să te uit, încerc să uit tot ce este legat de tine și, crede-mă, îmi reușește într-o anumită măsură. Spun asta fiindcă nu știu dacă iau cea mai bună decizie. Știi, e și greu, dar ajungi să faci și mult mai multe greșeli, dacă le pot numi așa.

Probabil, dacă mi-ai da un mesaj, aș renunța la această zisă „uitare", însă nu am primit nimic, așa că mă voi mulțumi cu faptul că încerc să te uit, fiindcă ești o persoană groaznică.
Știi, așa suntem și eu, dar și tu, fericiți.
Tu scapi probabil de un nebun ca mine, iar eu de o persoană groaznică ce nu știe ce vrea și care preferă să își bată joc de oameni în loc să fie sinceră cu toți cei ce țin la ea. Vezi tu, chiar a început să nu-mi mai pese de nimic legat de tine și am ajuns să te și jignesc în fața tuturor. Nu știu dacă e o decizie tocmai bună și matură, însă asta îmi hrănește ura ce mocnește în mine și mă face să mă simt mult mai bine.

Credeam că voi deveni rece cu toată lumea după toată această fază, însă, vezi tu, nu am devenit așa cu toți și am început să mă schimb.
Știi de ce? Pentru că am revenit iar de unde am plecat. Da, ai auzit bine, am început din nou să vorbesc cu o persoană din trecutul meu care mi-a distrus orice speranță și dorință de a mai trăi.

M-am împăcat cu Miss Y și nu știu dacă este o decizie tocmai bună. Știi de ce?
Nu prea este mare diferență între voi, însă pe ea am ajuns să o înțeleg mai mult, pentru că mi-a oferit această șansă și pentru că am fost, oarecum, destul de apropiați în perioadele în care nu se comporta ca un rahat cu mine. Am luat decizia asta probabil pentru că nu voiam să devin un insensibil, un om jalnic și țăran cu toți cei din jurul meu.

Vezi tu, cât de mult m-am plâns la tine de ea, atât de mult o doresc în viața mea acum, pentru că, sincer, chiar o înțeleg și încerc să îi fiu alături, să vorbim mai mult despre anumite lucruri. Putem face asta acum, însă, în trecut nu prea o făceam. Crede-mă, mi-aș dori enorm ca să devină doar partea bună din ceea ce s-a întâmplat între noi și din ceea ce se va întâmpla, întrucât încă țin la ea și îmi doresc să fac ca totul să fie bine. Uneori, trecutul nu mai contează așa mult când ajungi să te doară fix undeva de tot ce s-a întâmplat și realizezi că prezentul este cel important pentru tine.

Vezi tu, după ce am auzit că ieși cu prietenul tău cel mai bun, dar eu, când te chemam afară, băgai scuza că bunică-ta e bolnavă, mi s-a făcut pur și simplu scârbă de tot ce însemni tu. Așa că am ales să fie mai importantă ea, cu care chiar am împărtășit multe lucruri din trecutul nostru, decât tu, care ai ales să te comporți ca un monstru.
Singura diferență – și una majoră – între voi este că ea preferă să își petreacă timpul cu mine, înțelegi?
După tot ce s-a întâmplat între noi, tot petrecem

destul de mult timp împreună în momentul de față.
Așa că asta prefer: o fată care s-a comportat ca un rahat, la fel ca tine, și care are cam aceeași gândire, însă cu care ies destul de des, decât o fată care are doar un sfert din calitățile ei.

Crede-mă, nici eu nu am fost așa mulțumit de asta la început, însă, în viață, e bine să înveți să te adaptezi la tot ce ți se întâmplă.
Ce se poate întâmpla atât de rău acum?
S-au întâmplat deja destule încât să mă mai afecteze așa mult.

Dând de fete ca tine, am ajuns să mă adaptez situației și să nu mai pun chiar așa multe sentimente la orice panaramă îmi iese în cale. Așa că îți mulțumesc și ție, și tuturor, pentru că, fără voi, probabil n-aș fi reușit această performanță olimpică, pot spune.
N-aș fi putut să spun că încă țin la cineva, dar, de fapt, să nu îi mai arăt asta așa mult și să aștept să arate acea persoană. Știi, într-un fel, e mai bine așa pentru toți.

După cum am mai spus, în viață te adaptezi și faci ce este mai bine pe moment, altfel ajungi să te sinucizi și să vrei să dispari definitiv.

CAPITOLUL 10

Dragă mea,

Și probabil voi ajunge să regret tot, inclusiv faptul că vreau acum să te uit definitiv, dar mă tot gândesc că așa este cel mai bine și că doar așa mă voi putea schimba în bine, fără vreo persoană ca tine în jurul meu.

Voi ajunge la momentul în care voi renunța și la ea, la Miss Y, pentru că, sincer să fiu, știm cu toții că nu mă merită și știm cu toții că este o variantă de-a ta mai nereușită. Dar până atunci, vreau să am un back-up care să mă facă să te uit definitiv, pentru că, sincer să fiu, nu mai țin la ea după tot ce mi-a făcut și după cum s-a comportat cu mine. Știi, genul ăla de comportament pe care îl ai și tu, azi ești grijulie și arăți că îți pasă, iar din senin, când apare Mugurel, care e mai tare în coaie, instant nu mai ești interesată.

Știi, eu mereu am mers pe varianta că, dacă ții sau iubești pe cineva, o faci până la capăt și nu te răzgândești pe drum.

E foarte important să știi ce vrei în viață, dragă mea, și să știi ce să ceri de la persoanele care te înconjoară.

Vezi tu, tu și Miss Y ați știut să vă bazați doar pe voi și pe ce simțiți voi pe moment. Ba chiar ajunseseși și tu să devii la fel de nesimțită ca și ea, la un moment dat. Când eu eram tipul ăla primitor și de treabă cu tine, tu preferai să folosești partea aia de ultimă țărancă cu mine. Ai ajuns să o copiezi, înțelegi?

Ai ajuns să copiezi o persoană groaznică din toate punctele de vedere, o persoană care nu știe ce vrea de la viața ei, o persoană egoistă, o persoană care nu are simțul răspunderii, iar când se simte jignită îți răspunde cu ceea ce ai spus tu despre ea. Știi, tu îi spui că este cumva și, automat, și ea te face la fel, deși acea trăsătură este o trăsătură tipică persoanei ei.

Ești mândră de ce ai devenit?
Sau așa ai fost și înainte, iar acum ți-ai arătat adevărata față și mie?
Cred că așa erai și înainte și doar ai vrut ca eu să capăt o părere pozitivă despre tine. Mi-am mai bătut capul cu asta o dată și tot la aceeași concluzie am ajuns.

N-am decât să îți mulțumesc pentru tot, și ție, și tuturor femeilor ce au știut doar să-și bage pula efectiv în ce simțeam pentru ele.

Știi ce mi se pare amuzant?
Că sunt multe ca tine și doar 20% din toată țara asta diferă de temperamentul fetelor ca tine. Da, este amuzant într-un fel, dar trist pentru băieții cărora chiar le pasă de persoana cu care stau și își pierd timpul fără niciun scop.

Mie nu-mi mai place să-mi pierd timpul, dragă mea, de mult timp. Consider că timpul meu este mult mai prețios decât orice altceva, atât de prețios încât să vorbesc cu persoane ca tine este o risipă de timp. Timp pe care mi-l pot ocupa cu proiecte mult mai importante, care-mi pot umple sufletul dacă reușesc. Mi-l pot umple mai mult decât mi-l pot umple fetele ca tine, să știi. Doar că eu am tot preferat să mă las dus de val de persoane ca tine și să renunț la ce era mai de preț. Știi, m-am gândit că poate tu ești diferită. Sau poate Miss Y. Sau poate Miss X. Dar vezi tu, m-am înșelat amarnic și acum poate am cam avut de suferit destul de pe urma acestei prostii.

Dar vezi tu, timpul le rezolvă pe toate. Te voi uita și pe tine, și pe oricine altcineva, atâta timp cât am prietenii aproape, cu care să-mi mai pierd timpul când mă ia vreo stare de rahat, și atâta timp cât mă bazez pe ce vreau eu să fac. O să reușesc să vă uit, să știi.

Iar poate când vreuna dintre voi va veni la mine, pentru că poate va realiza ceva din tot ce s-a întâmplat, va fi mult prea târziu.
Știi, timpul trece și, odată cu el, și nevoia sau răbdarea omului.

Tot ce vor rămâne vor fi amintiri groaznice, ce vor fi alinate și ele, probabil, de o persoană care chiar va ține la mine. Încă am speranțe că voi găsi acea persoană, să știi, și nu mi le voi pierde niciodată.

Chit că nu știu câtă răbdare mai am, fiindcă simt cum mă sfărâm pe interior, știu sigur că va apărea acea persoană în viața mea.

CAPITOLUL 11

Și d–asta vreau să te uit, pentru că ești o persoană groaznică și o persoană care nu știe ce vrea de la ea, dar de la restul.

Ești o persoană toxică, ca și Miss Y, poate chiar la fel de toxică.

Vă asemănați, am mai spus, și singura diferență este că tu ai ajuns la o facultate, dar nivelul de inteligență cred că este exact același.

Crede-mă că mă doare să spun asta, dar asta este purul adevăr și asta este ceea ce transmiți persoanelor din jur.

Vreau să te uit pentru că nu știi ce vrei, nu știi să respecți oamenii, ești o persoană falsă și spui că te vrei iubită, dar oamenii care într-adevăr țin la tine ajungi să îi alungi.

Nu știu dacă chiar vrei să fii așa sau este de vină faptul că nu depășești inteligența pe care o ai, dar cert este că știi să faci doar rău în jurul tău.

Ești un om de nimic, bine?

Măcar fii de acord cu ceea ce ești, dacă nu vrei să te schimbi.

Să știi că e un lucru foarte important să fii împăcat cu ceea ce ești de fapt, pentru că nu vei realiza chiar nimic cu viața ta.

De ce? Pentru că nu te cunoști și nu știi să te

autocaracterizezi pe tine ca și persoană în fața
celorlalți, iar ceilalți vor ajunge să devină profund
dezamăgiți când vor ajunge să te cunoască cu
adevărat.
Dar stai, că oricum nu contează asta pentru tine,
pentru că ești egoistă.
Vezi tu, d-asta vreau să te uit și reușesc, chiar dacă
mai am momente când te visez sau când îmi
imaginez cum ar fi fost să fie totul fain și frumos.
Sunt doar niște prostii, vor trece ele la un moment
dat.
Eu oricum, dacă te-am iubit, știu sigur că am făcut-o
degeaba, pentru că dacă și tu ai făcut-o, ai făcut-o
pentru puțin timp.
Așa că, sunt și eu puțin egoist acum și spun că nu are
rost să o mai fac.
Nu are rost să iubesc o persoană jalnică, ca tine,
pentru că eu merit mult mai mult și pentru că
persoanele ca tine mă trag, de fapt, în jos și nu mă
susțin sau mă ridică în vreun fel.
Știi, mereu mi-am dorit o iubită acolo care să mă
susțină în orice căcat aș face eu și am crezut de multe
ori că am găsit-o, dar uneori te mai și înșeli când vine
vorba de fericirea ta, pe care consideri că nu o vei
găsi niciodată.
Habar nu ai cât de mult mi-am dorit pe cineva alături
care să nu mă critice pentru deciziile mele, care să
mă iubească și care să îmi zică că va fi bine, orice se
va întâmpla.
Vezi tu, uneori mai și visezi și consideri că acest lucru
poate deveni și realitate la un moment dat.

Asta este viața, până la urmă, și cred că de-n dată ce pot face atât de multe lucruri pentru că am învățat atât de multe lucruri fără ajutorul nimănui, nu ar trebui să mă pierd în persoane ca tine și ar trebui să văd viața destul de roz, pentru că vezi tu, sunt inteligent, nu sunt urât, știu atât de multe chestii pe care alții nu le știu, pot face atât de multe chestii dacă nu mi-aș pierde timpul cu persoane ca tine, limitate. Serios, ce e nașpa la mine? Că am fost prea bun cu cine nu merită, da, asta este partea a doua.
Am făcut asta pentru că am considerat că unele persoane merită atenția și eforturile mele, dar se pare că nu a meritat nimeni și cred că nimeni pe pământul ăsta nu merită tot ce am făcut eu pentru fetele ca tine.
Este un efort mult prea mare ce implică pierdere de timp, stres și nicio utilitate, cât și durere, sentimente. Prefer să nu mai fac niciun fel de efort pentru nimeni în viața asta și poate să rămân chiar singur dacă voi întâlni doar persoane ca tine în viața asta.
Nu vreau să îmi mai fac rău singur, pentru că mi-am făcut de atâtea ori, pentru că nu m-am iubit niciodată pe mine așa mult pe cât am iubit persoanele ca tine. E groaznic, să știi, când nu te iubești deloc pe tine însuți și transmiți acest sentiment sfânt unor persoane de tot rahatul.

CAPITOLUL 12

Și uite că am ajuns să mă întâlnesc cu tine fără să vreau, datorită prietenilor mei „minunați" care au vrut să te vadă și s-au gândit să mă ia și pe mine, așa, fără niciun motiv.

Habar nu ai câtă ură am avut în mine la momentul acela și cât de nerăbdător eram să plec odată, dar vezi, era ciudat să plec așa din senin, fără niciun motiv. Am ales să rămân și să-mi văd de treaba mea, liniștit pe telefon, ca și cum aș fi avut treabă. Când s-a terminat totul, am murit de bucurie, în timp ce o parte a creierului meu se gândea cum să-și jignească prietenii într-un mod subtil.

Crede-mă, chiar nu aveam așteptări să mă iei în brațe și să îmi spui că ți-am lipsit, dacă se întâmpla asta, oricum nu apreciam deloc la momentul ăla fiindcă sunt sătul de tine până în măduva oaselor. N-am cuvinte să descriu toată ura ce s-a adunat asupra ta și crede-mă că probabil îți dau prea multă importanță cu ura asta, iar tu știi asta destul de bine, dar îți place pe de o parte.

Cred că de fapt te-am și uitat și n-a mai fost nevoie de vreo altă fată în viața mea.

Cred că de fapt am ajuns să urăsc din ce în ce mai mult oamenii și nu mai am așteptări de la nimeni să îmi facă pe plac sau să îmi arate că țin la mine.

Am devenit un monstru insensibil, cum îmi era și frică să devin, mă enervez repede, încep să urăsc unele lucruri, repede, fără vreun motiv anume și nu mai am nici răbdarea pe care o aveam odată.

Încep să cred că mă transform repede, dar nu în bine și încep să mă urăsc și pe mine, întrucât ura asta pe care o am asupra a tot ce mă înconjoară are efect și asupra mea.

Nu mi-am dorit atâtea, să știi, dar de, asta e, dacă toți din jurul meu mă consideră un rahat urât ce nu face nimic, pot eu să schimb ceva?

Nu, nu pot face nimic.

Toate stările astea de căcat se datorează persoanelor ca tine, înțelegi?

În principal ție și persoanelor despre care am mai vorbit pe aici.

Așa că vă mulțumesc că m-ați făcut să cred că sunt inutil în viața asta, sper că sunteți mândre.

De ce?

Pentru că acum nu mai sunt eu, care eram, de fapt nu mai sunt eu, pot spune, iar chestia asta mă apără într-un fel, dar îmi face și mult rău în alt fel.

Degeaba te-am uitat cât timp au rămas amprente grave asupra mea, amprente ce nu-mi dau liniște și mă fac să mă simt din ce în ce mai de căcat.

Uitarea nu mai e o soluție, înțelegi?

E o situație limită în care nu știu ce să mai fac pentru a ieși întreg și psihic, și fizic, și moral pentru mine însumi.

Sunt sătul de tot și nu mai vreau nimic pentru că știu că vreau degeaba și orice aș vrea nu se va întâmpla în veci.

Am o soartă mult prea jalnică ca să se întâmple ceva bun în viața mea, crede-mă, și probabil faptul că v-am întâlnit pe voi și nu pe altcineva tot sorții mele de căcat se datorează și faptului că nu se va întâmpla nimic frumos în viața mea niciodată.

N-am ce să schimb când știu că nu pot și n-am ce face pentru a mă opune pentru ca totul să nu mai fie de rahat.

N-am decât să mă obișnuiesc cu ideea că poate nu sunt bun la nimic și că probabil de-aia am o viață așa jalnică.

Crede-mă că e extrem de greu să fac asta și să ajung să mă desconsider pe mine așa mult pentru că probabil voi ajunge la un moment dat să mă urăsc atât de mult încât să mă distrug singur, fără să vreau și de fapt să vă fac un bine ție și persoanelor ca tine.

Părerea mea? Sunteți toți și toate niște proaste, inculte care știți să doar să mâncați din fund.

Știu că doare, draga mea, dar ăsta este adevărul și la concluzia asta am ajuns de când mă tot lupt cu viața asta minunată.

Te-am uitat și n-o să vreau niciodată să mai întâlnesc persoane ca tine, poate chiar nu mai vreau persoane în viața mea fiindcă la un moment dat toți își vor arăta adevărata față și tot eu voi fi cel dezamăgit.

PARTEA IV

Fericirea

Nu vei fi niciodată fericit cu adevărat dacă nu cauți fericirea în pasiuni si lucruri mărunte, ci o cauți în persoane, ce mai devreme sau mai târziu, tot vor dispărea din viața ta.

CAPITOLUL 13

Hai să schimbăm puțin perspectiva, pentru că nu cred că ești așa importantă încât totul să fie adresat ție și, la fel cum nu ești tu importantă, nu cred că e nimeni altcineva important pentru viața mea.

Am să vreau să mă adresez vouă, celor care citiți această parte, pentru că pe voi vă interesează direct tot ce se întâmplă, pentru a nu trece prin ce trec eu.

Uite, eu, unul, am ajuns în stadiul în care tot caut fericirea și o caut și n-o găsesc.

Tot ce mi-am dorit de la viața asta a fost să am o femeie lângă mine care să mă susțină și să mă iubească la fel cum o fac și eu, dar probabil am mai spus-o, nu mai există așa ceva și asta doare din ce în ce mai tare.

E foarte dezamăgitor când cauți ceva și nu găsești asta niciodată, și e mult mai dezamăgitor și trist când știi că poate niciodată nu vei mai găsi fericirea.

O s-o tot spun, nu mai există iubirea în ziua de azi, iar lucrul ăsta te poate dărâma la un moment dat. Te poate aduce în stadiul în care să nu mai știi de capul tău și să ajungi să te închizi în tine pentru că conștientizezi că nimănui nu-i pasă cu adevărat de tine.

Am încercat să-mi refac viața și să încerc să redevin iar fericit, însă mi-am pierdut total încrederea în oameni și văd că tot ce încerc să construiesc se dărâmă instant.

Am încercat să iubesc pe altcineva după ce te-am uitat și uite că am reușit, pentru că eu nu-s ca marea majoritate a oamenilor, eu am învățat să respect și să iubesc tot ce mă înconjoară. Mare prostie.

Nimeni nu merită iubit când vezi că n-ar da nici doi bani pe tine, știi, ajungi doar să-ți irosești resursele de încredere în tine pe care le recăpătasei în timpul ce a mai trecut după ce ai fost dezamăgit iar.

Nu mai am încredere în nimeni, nici măcar în prieteni sau familie, mă mulțumesc doar cu gândul că eu contez, deși uneori mă gândesc cum ar fi să fiu fericit lângă o femeie minunată. Prostii, îmi derapează creierul, sau mai bine spus sufletul mai rău ca Dacia 1300 pe timp de iarnă. Dar vezi, suntem oameni, iar om înseamnă să ai suflet, sentimente, să poți gândi și să îți poți expune toate emoțiile și sentimentele pe care le simți uneori.

Un om nu o să fie niciodată ca un animal, însă vezi, noi ușor, ușor uităm ce înseamnă să fii om și ne apropiem încet de stadiul de Homo sapiens. Mai pe scurt, de unde am plecat, acolo am ajuns. Felicitări omenirii, este un lucru splendid ce se putea întâmpla cu noi.

Evoluția ne-a adus în stadiul în care a fost reatinsă prostia, însă sub o altă formă, una mult mai jalnică și ucigătoare.

Eu am ales, dacă evoluție înseamnă să nu mai am suflet, prefer să rămân prost, dar cu mine împăcat că nu sunt ca toți ceilalți, un monstru.

O să ajung și eu ca ei la un moment dat, probabil, însă, cert este că o să mă comport așa cu cei care sunt așa deja, încă mai am speranțe că mai există acolo o ființă care știe să iubească și să ofere totul cuiva care merită. Poate pe parcurs o să se accentueze ideea că toți s-au schimbat, însă, pe moment, vreau să rămân integru și poate să lupt, chit că eu am de suferit în lupta asta grea pe care o duc.

Eu o să rămân să caut fericirea în continuare și crede-mă că știu că am o luptă grea de dus, dar caracterele jegoase din lumea asta cu care am ajuns să mă tot lupt m-au învățat că niciodată nu trebuie să mă las învins de ei.

CAPITOLUL 14

Uite, în partea asta am să povestesc cum am ales să umblu după fericire fără să o am și doar să cred că sunt fericit.

E groaznic să te minți singur că ești fericit și că totul merge de minune în viața ta.

După ce am fost dezamăgit de către cea pentru care am scris cartea până la partea aceasta, am ales să încerc să cunosc alte persoane. Mare greșeală! Știi cam care este adevărul: cine vrea să te cunoască și e interesat de tine, te caută și tot caută să vorbească cu tine.

Uite, eu, spre exemplu, am ales să merg pe niște teorii, că dacă mă spumează cineva cu like-uri pe Instagram, are și un mic interes acolo față de mine. Mare greșeală.

Dacă ajungi să crezi în asta, crede-mă, vei ajunge să rămâi la fel de nefericit o viață întreagă. Oamenii tot vor atenție și, vezi tu, atenția asta este total diferită de iubire, interes față de cineva, dragostea pe care i-o porți cuiva.

După tot ce se întâmplase, ajunsesem să tot caut tipe cu care să vorbesc. Mă mai și descărcam emoțional văzând că unei persoane îi place să își împartă din timpul ei cu mine și poate și ajungeam să am o relație fericită și minunată cu acea persoană.

Încă o dată, mare greșeală. Important e să fii fericit cu tine însuți.

Greu, știu ce zici, știu chiar foarte bine, dar dacă tu nu-ți acorzi timp ție să încerci să conștientizezi că nimănui nu-i pasă, nu vei ajunge nicăieri. Fii fericit cu tine și atât.

Și dacă vreodată o să ai vreo stare de rahat, descarcă-te, în scris, în orice, doar scapă de energia aia negativă ce stă în tine și te doboară. Fă ce-ți place, crede-mă, este un lucru așa folositor.

De ce zic asta?

Tuturor ni se impune de mici să facem ce nu vrem pentru că așa e bine și așa fac toți. Și dacă nu facem asta și nu ne ocupăm tot timpul cu asta, n-o să ajungem nimic în viață și vom ajunge niște muritori de foame.

Uite, eu am ales să scriu și să-mi împărtășesc viața cu oameni ca mine, am ales să fac YouTube, am ales să vreau să-mi dezvolt un proiect atât de mult, încât asta ajunsese să fie tot ce contează pentru mine.

Și uite, în proiectul ăla de care mă ocupam, se tot implică oameni și eram într-adevăr dezamăgit de mulți, însă am ales să merg pe ideea că eu am început totul, eu merit toate meritele, iar cine mă ajută poate ajunge și el un sfert sau o jumătate din mine. Restul, niște sclavi care știu doar să te pupe în fund când au nevoie de ceva, iar când nu, să te bârfească pe la spate.

Așa este viața, și da, ai nevoie de susținere în orice și o cauți în femei. Încă am mai spus-o, femei nu mai există, marea majoritate sunt doar niște zdrențe, iar zdrențele nu pot fi considerate femei.

Zdreanța este doar o bucată de material textil, mai pe scurt, o rămășiță dintr-o femeie.

Asta vrei să ajungi să iubești, o rămășiță?

Rămășițe găsești peste tot, dar un întreg mult mai greu, poate chiar deloc în ziua de astăzi.

Trist, dar adevărat, dragul meu cititor.

După cum spuneam, cine e interesat de tine, dă mesaj și n-ar trebui să fii trist că nu te caută nimeni și nu-și dă nimeni interesul față de tine. După cum am mai spus, zdrențe sunt multe.

Să povestesc cum am încercat eu să fiu iar fericit?

Okay, o vom face, cu promisiunea să luați în calcul absolut tot ce povestesc despre viața mea și despre ce s-a întâmplat, contează mult.

CAPITOLUL 15

După cum am spus, credeam că cine te tot apreciază prin like-uri, poate, poate te apreciază cu adevărat și nu e o chestie făcută doar așa, să pară acea persoană interesată, pentru că nu are cu cine vorbi sau pentru că vrea ea să primească același lucru.

Ei bine, cunoscusem o fată, întrucât eu tot dădeam follow random la oameni pe Instagram pentru a primi follow back, am dat peste o tipă.

Sincer să fiu, îmi plăcuse, așa puțin și mi se părea o fată serioasă, din poze.

Bun, i-am dat follow și, ca să vezi, primisem follow back plus vreo 10 like-uri la poze, așa că i-am dat și eu like la câteva poze, mă gândeam că poate îmi va da mesaj, însă nu s-a întâmplat.

Am crezut că poate mă place fata dacă a venit așa cu un impuls puternic de like-uri.

Evident că i-am dat mesaj și am întrebat-o de ce a ratat unele poze, întrucât în unele chiar ieșisem mai fain decât în celelalte.

Totul bine și frumos, dar începusem să vorbim și, odată cu asta, să mă și atașez de ea.

Nu știu dacă a observat asta sau nu, însă începuse să răspundă ciudat, greu, fără interes, sincer, se comporta ciudat.

Nu fusesem așa deranjat de asta pentru că nu ajunsesem să o cunosc așa bine, nici nu ne întâlnisem și nici nu mai vorbeam în ultima perioadă, pentru că eu mereu trebuia să dau mesaj.

Să fiu sincer?

O plăceam destul de mult, nu știu de ce, dar începeam să mă atașez repede de tipe, probabil pentru că duceam lipsă de afecțiune, susținere, iubire.

Încercam să caut tot ce nu mai avusesem de mult în orice tipă cu care vorbeam.

Tipa asta, sincer, nu cred că merita atenția mea, iar faza cu like-urile cred că a fost doar așa, să se afle în treabă. Eu, sincer, eram dispus să fac multe pentru ea, deja și o consideram o persoană importantă în viața mea, ba chiar îmi imaginam seara când nu puteam să dorm cum e lângă mine și o țin în brațe. Prostii și iar prostii.

Nici măcar nu o văzusem face to face și aproape mă îndrăgosteam, voi înțelegeți câtă lipsă de afecțiune și iubire aveam în mine?

Eu nici acum nu-mi dau seama cum am putut să mă atașez așa de oricine, pentru că era de așteptat că nu îi va păsa măcar puțin de viața mea.

Dacă chiar era femeie, măcar putea să îmi zică tot, dar preferase să își piardă timpul așa, pe atenția mea. Minunat, nu?

Așa sunt femeile care de fapt nu sunt femei și tot nu cred că așa au ajuns să fie toate.

Totuși, era mai mult vina mea, că mă atașasem de oricine venea cu spam de like-uri sau cu un mesaj, ceva acolo, semnificativ, să pară că sunt important puțin. Iar și iar, prostii.

Credeți că se terminase totul la ea?

Nu, am mai continuat cu această zisă „fericire" pe care mi-o construiaam singur.

Ce credeți că a urmat?

O nouă dezamăgire?

Evident că da, și nu doar atât, întrucât tipa asta părea mult mai faină, era mult mai drăguță, știa să vorbească bine, uneori.

Sunteți pregătiți? Începem celălalt storytime?

CAPITOLUL 16

Începem, normal, cartea asta nu numai că este un jurnal, este și o carte din care vreau ca cineva să învețe ceva.

Ajuns la pragul în care nu mai aveam încredere în nimeni, iar, o cunoscusem pe ea.

A fost ceva ce s-a întâmplat spontan și sincer nu știu cum de îi dădusem fix ei mesaj.

Glumesc, îmi plăcea enorm după ce îi văzusem chipul acela minunat.

Bun, era o fată ce-mi tot dădea like-uri pe la poze și mă gândisem atunci că, mă, fata asta îmi tot dă like-uri, de ce să nu îi ofer o șansă, chiar e drăguță și îmi place.

Voi n-ați fi făcut la fel? Serios acum.

I-am dat mesaj și pe fata asta chiar am luat-o direct, deși nu-mi stătea în caracter pentru că mi se părea ciudat și aveam și oarecum o frică de refuz.

Efectiv am întrebat-o ce face și dacă vrea să ne cunoaștem, nu a refuzat, dar nici nu a acceptat, a fost ceva, așa, da, dar nu.

Un da cu o reținere, să spunem.

Am continuat să vorbim și chiar îmi plăcea compania ei, emana, așa, un vibe minunat și mă simțeam special în prezența ei.

Alesesem să fiu cât se poate de sincer cu ea și
să îi spun tot ce mă deranjează și tot ce apreciez.

Îmi plăcea, okay?

Era o fată chiar specială și chiar voiam să o pot
cunoaște mai bine, poate la un suc, poate prin
apeluri.

Deși îmi transmitea un vibe bun, dădea, așa,
dovadă că mă respinge subtil și că n-ar avea niciodată
în viața asta vreo treabă cu mine.

Mă crezi că ajunsesem să mă gândesc mereu la
ea și începusem să tot am vise ce mă trezeau din
somn din oră în oră?

Era ciudat, sincer și nu mi se mai întâmplase
până acum.

Ceva clar mă neliniștea și probabil era faptul
că era diferită uneori și că îmi mai dădea cu seen,
după care răspundea seara sau peste două ore.

Păi să dai seen și să mai ai și tupeul să
răspunzi după, nu era cam nesimțire?

Observam tot, pentru că începuse să îmi placă
din ce în ce mai mult și știi cum e, când placi sau
iubești pe cineva observi orice detaliu și îți și faci rău
singur, uneori.

Am spus, eram sincer cu ea și i-am și spus că
mă deranjează că face lucrurile astea și ghiciți ce
răspuns am primit: „Nu pot vorbi NON-STOP".

Adică, stai... eu nu ți-am cerut asta, eu ți-am
cerut să apreciezi faptul că eu țin la tine și că m-am
atașat de tine așa repede și să fii sinceră, să-mi spui
dacă te deranjez și nu vrei să ai de-a face deloc cu
mine.

Eu am fost sincer, ți-am spus că te plac, că te consider o fată drăguță și frumoasă, măcar atât respect să ai, s fii sinceră.

Orice minciună chiar mă durea în orice moment. Știi cum e, adevărul doare, dar doare și mai tare minciuna.

Adevărul știi măcar că e adevăr, iar durerea o să treacă mult mai repede.

Eu unul, niciodată n-am suportat minciuna și de-asta am și avut mereu de suferit în relații, pentru că am tot ales să fiu mințit și să nu observ minciuna aia, am ales să am încredere, că na, nu mă poate minți ea pe mine pentru că ține la mine.

Prostii și iar prostii.

Când cineva te place, te adoră, te iubește nu te minte și îți vrea tot binele din lume.

Niciodată nu va fi indiferent cu tine și mereu va fi sincer. De ce?

Pentru că știe că îți va face rău dacă va minți, iar dacă contezi pentru acea persoană nu va vrea să îți facă rău.

Ajunsesem să rup legătura cu toți prietenii întrucât credeam că poate bagă strâmbe și că sunt invidioși pentru că eu sunt fericit, mai ales că un prieten întrebase pe o cunoștință ce o știa pe ea, cum e ca persoană, dacă e de treabă.

Mă puteam aștepta la orice de la prietenii mei având în vedere că uneori mi-au arătat că nu le pasă așa mult de viața mea și că sunt și eu acolo, o entitate nesemnificativă. Îmi luam măsuri de siguranță, iar cum eram eu și prost și le spuneam prietenilor că îmi plăcea de ea și să-mi dea niște sfaturi pentru că nu vreau să o gafez, era mai bine să rup legătura cu ei.

Până la urmă, aveam de câștigat, nu mai știau nici ei nimic din ce vorbesc cu ea, mă focusam mai mult pe ea, nu mai primeam sfaturi care poate mă împiedicau să o pot cunoaște mai bine.

Evident că a fost puțin mai bine, dar tot mai avea faze când se comporta ciudat, dădea seen.

Nici n-am putut să ne vedem pe motivul că ea stă mai mult la țară, însă nu nega faptul că vrea să ne vedem sau că nu vrea.

Erau niște răspunsuri ciudate.

Să mint că o nu mai plac și acum?

Normal că nu voi minți, încă o plac, dar nu pot să trăiesc cu ideea că doar eu îmi bat capul cu ea și doar eu dau mesaje când știu de câta afecțiune am nevoie și cât îmi doresc o femeie în viața mea.

Dacă nu va fi interesată, pierderea ei, eu chiar voiam să facă parte din viața mea pentru că o consideram și încă o consider minunată, până probabil o să-mi schimb părerea și despre ea. Știi, până la urmă nu este vina mea, eu chiar aș fi vrut să-mi demonstreze contrariul și să o am alături în viața mea.

Nu totul depinde de mine și nu eu trebuie să fac totul pentru o persoană pe care nu o cunosc așa bine, dar o plac și aș vrea să o cunosc.

PARTEA V

Încrederea

Încrederea este o armă letală pe care o putem folosi împotriva durerii și suferinței pentru a învăța să fim iar fericiți cu noi înșine lângă oricine pe pământ.

CAPITOLUL 17

Habar nu aveți și nu știți cât de greu e să-ți recapeți încrederea în tine și în oameni după ce ai fost de atâtea ori rănit.

E un lucru groaznic să-ți dorești să fii fericit, dar să conștientizezi că nu mai ai resurse să poți face asta.

Știi, singura sursă care te poate face fericit este încrederea.

Nu neapărat încrederea în oameni, în ziua de azi e mai bine să fii mai strict când vine vorba de pus încredere în oameni.

Important este să realizezi că fără încredere în tine nu poți face nimic și nu poți ajunge să întâlnești fericirea pe care o tot cauți. Oamenii simt când cineva este pus la pământ și vor face tot posibilul să te țină acolo, fără arme pentru a te apăra de tot ce este mai rău.

Este suficient să mergi pe premiza: „Este viața mea, nu mă doboară nimeni, merg înainte până voi muri".

Nici nu știi cât de important este să fii indiferent când trebuie, iubitor când trebuie, monstru când trebuie.

Cum poți ajunge să fii echilibrat în tot ceea ce te privește când știi că îți lipsește încrederea?

Nu ajungi, simplu, oameni buni și de calitate găsești mai rar, poate din ce în ce mai rar.

Am ajuns să îmi recapăt și eu încrederea, și în mine, și în oameni, însă datorită ei, și îi mulțumesc.

Aș da orice să o am lângă mine și să o pot iubi toată viața, pentru că este minunată și mă face să vreau să devin mai bun, să vreau să iubesc din nou, să văd altfel viața și să-mi urmez pasiunile.

Poate oi fi avut și eu noroc odată în viață, pentru că am întâlnit-o și sper că totul să continue așa, întrucât ea este singura care îmi dă speranță și mă face mai energic și plin de viață.

Abia aștept momentul în care să o pot strânge în brațe și să-i spun că îi mulțumesc că e aici și că mă face mereu mai fericit când simt că sunt total deprimat.

Mesajele ei mă fac mereu să zburd ca un copil când vede prima dată marea, iar vocea ei plăpândă mă face să mă topesc de dorul ei.

E un sentiment pe care nu l-am mai avut de mult și de care mi-e frică să nu se spulbere la un moment dat, întrucât nu totul ține o veșnicie și nu ai de unde să știi cum se schimbă oamenii pe viitor.

Vedeți voi, într-un fel e bine și fain când nu iubești pe nimeni și ai sufletul rece ca gheața, pentru că nu te mai afectează nimic din jur, însă este un sentiment mult prea plăcut când știi că îi pasă cuiva de tine, e ca un drog de care nu vrei să scapi niciodată și, tot cazi în plasă în capcana dragostei.

Organismul nostru când iubește se comportă total altfel, iar cantitățile de hormoni sunt eliminate în organism într-un mod neobișnuit.

Suntem făcuți să iubim, nu să fim reci și fără suflet.

Nu toți înțeleg asta, deoarece toți sunt orbiți de cum să producă bani pe care să-i ia cu ei în mormânt, probabil.

Ne-am uitat pasiunile în trecutul umbrit de evoluție continuă, am uitat să oferim pentru a primi.

Nu vreau să fiu ca restul și n-o să fiu niciodată, chiar dacă voi avea o luptă continuă de îndurat, voi rămâne tot eu, cel care iubește tot ce-l face fericit, cel care încă caută fericirea într-o singură persoană, cel drept și cu demnitate, nu mânjit de noroi crezând că sunt fericit făcând ce nu-mi place.

Voi duce singur această luptă, chiar dacă știu că va trebui să sufăr de multe ori, sunt obișnuit să tot sufăr, deci nu mă mai afectează așa mult.

M-ați călit voi, jegurile de oameni pierduți între prostie și invidie.

Voi iubi doar câteva persoane, pe cele care mi-au dovedit de-a lungul anilor că merită tot sacrificiul meu, restul îmi veți sta doar în genunchi până veți dovedi că meritați să ajungeți o parte din mine.

Nu mai am încredere în toți și în nimeni, decât în mine și în cine îmi dovedește, e atât de simplu, dar părea atât de complicat.

Lupta o voi duce doar pentru mine și pentru ea, cea care îmi va dovedi că merită, poate chiar ea, care mă face fericit acum.

CAPITOLUL 18

Mereu cel care face minuni ești doar tu, pentru că doar tu îți controlezi propria viață.

Tu îți dai satisfacție, tu îți dai tristețe, tu îți dai fericire.

Sentimentele le pui pentru că vrei tu și știi foarte bine că te sacrifici făcând asta, deci, te poți aștepta la orice.

E bine să știi să tot pui sentimente, dar să nu te dărâme dacă le pui degeaba, trebuie doar să conștientizezi că acea persoană nu merită prezența ta și punct.

Dacă îți plângi de milă și tot dai vina pe tine, vei ajunge să te neglijezi, vrând de fapt să dispari pentru că așa vor ei.

Serios, trăiește-ți viața așa cum îți place și nu te mai lăsa controlat de alții, pentru că e viața ta, nu a altora.

Mereu mi-am spus aceste lucruri, însă mie greu mi-a fost să le înțeleg, pentru că eu sunt altfel, sunt făcut să iubesc pentru a fi fericit, sunt făcut să primesc afecțiune pentru a reuși ceva, am nevoie de susținere, e foarte greu să știi ce ai de făcut, dar să nu poți face pentru că la tine totul este mai greu, mai ales când ajungi la concluzia că tu ești ghinionist din toate punctele de vedere.

Până la urmă, ghinionist sau norocos, trăiește-ți viața, norocul dacă va vrea să vină vreodată, va veni el, nu are rost să îl tot aștepți.

M-am considerat o persoană urâtă, proastă și incapabilă doar pentru că așa mă vedea plebea de oameni incapabili să vadă adevăratele valori ale societății.

Am ajuns să mă desconsider în loc să mă consider.

Am ajuns ce au vrut ei, însă folosesc arma asta împotriva lor, nu a mea, cum probabil ar fi vrut.

Viața e o strategie în care, dacă nu trișezi și joci corect, ești luat drept prost.

Adevăratele modele sunt cele îmbrăcate frumos prin exterior și urât prin interior.

De ce să nu fiu eu cel care sunt îmbrăcat frumos prin interior cu cine merită și frumos prin exterior cu cine nu merită?

E mult mai bine.

Așa ajung să bag pe toți în ceață și să mă joc cu toți până își arată adevărata față.

Scopul scuză mijloacele, asta m-a învățat societatea asta jegoasă în care trăim, societatea asta pe care noi am creat-o pentru a ne distruge pe noi înșine.

Sunt la fel, doar că de data asta voi gândi altfel și voi acționa altfel.

Pe ea o iubesc pentru ce-mi oferă și pentru că pare diferită, ca multe, de altfel, însă vreau să mă mai ard odată pentru că mă simt prea fericit în preajma ei încât să nu profit de faptul că sunt fericit.

O iubesc, ea știe mai departe dacă vrea să aibă creier sau să fie ca celelalte.

Totuși, cred că nu va fi ca celelalte întrucât oferă o energie pozitivă și specială când vorbim, dă dovadă că ea este unică.

Să mă ard iar?

Normal, o să o fac pentru ea, până la urmă dacă nu risc, nu câștig și dacă nu câștig, nu va mai durea chiar așa rău, voi rămâne doar trist o perioadă, în lumea mea și atât, regăsindu-mă ca de obicei, în pasiuni ce mă vor face fericit o perioadă până va apărea o altă ea.

Așa e viața, trebuie să încerci și să vrei să fii fericit pentru a fi de fapt.

Puțin nedrept, însă, nu poate schimba nimeni asta oricât ar încerca, de unul singur.

N-am crezut că voi ajunge să mă îndrăgostesc așa repede de ea, însă, cum mă cunosc ce fel de persoană sunt, am făcut-o, nevoia de afecțiune și iubire este mare pentru persoanele ca mine, și sincer să fiu, nu regret că m-am îndrăgostit de ea, poate voi regreta pe viitor, poate nu, dar important este prezentul pentru că el construiește viitorul.

Trebuie să-ți mulțumești doar ție pentru ce faci pentru tine, pentru că ceilalți niciodată nu vor face ceva pentru tine și dacă o vor face, clar va fi un interes la mijloc.

Adevărata iubire a oamenilor față de tine e rară și poate fi confundată.

Iubește pentru a vrea să fii iubit, nu știi niciodată când găsești persoana potrivită.

CAPITOLUL 19

Hai să începem cu un storytime legat despre trecutul meu, dacă tot povestim despre încredere în oameni.

Eu n-am fost o persoană prea tupeistă în copilărie, știi, e ca o restrângere pe care nu vrei să o ai, deși nu scapi de ea.

Timiditatea asta și lipsa impunerii în societate m-au transformat la un moment dat într-un ratat văzut de toți ceilalți, a fost o perioadă groaznică care m-a descurajat complet și pur și simplu îmi era frică să mai socializez din teama de a nu fi pe plac cuiva și, astfel, să mă fac de râs. Urât din partea societății să treci prin așa ceva, dar vezi, asta e societatea, iar eu de mic aveam de învățat cum sunt oamenii de fapt și cum trebuie doar să-ți urmezi scopul fără a băga în seamă părerile celor din jur.

Am trecut peste toate acestea, însă o amprentă din trecut tot rămâne asupra ta până vei muri, subconștientul stochează orice informație și nu știi când, brusc, îți aduci aminte când ești într-o pasă mai proastă.

Ajunsesem să urăsc oamenii deoarece eram bătaia lor de joc și, în același timp, sufeream pentru că toți erau așa, mă credeam eu vinovat, și da, am fost vinovat pentru că efectiv trebuia să mă doară în pulă și să le dau peste bot când se așteptau cel mai puțin. Eram un copil, și probabil, asta m-a făcut să nu-mi uit trecutul și probabil să devin acum un monstru cu cine nu merită, să fiu puțin mai călit, cum s-ar zice.

Călit cu mici traume, dar călit.

Așa ajunsesem să-mi caut refugiul în muzica rap, întrucât consideram că am ce învăța din versurile oricărei melodii.

Știi, eu eram manelist oarecum când eram mic pentru că familia mea nu era cine știe ce familie cultă, și na, înveți de la cei apropiați câte ceva, de la cine altcineva?

Probabil de asta eram și bătaia de joc a colegilor, a unor prieteni de prin bloc.

Acum, culmea, ei au devenit cei maneliști, marea majoritate, nu chiar toți. Cum e viața asta construită, frumos, pot spune.

Ajunsesem să devin mai tupeist, brusc, pentru că voiam să mă impun în fața lor, așa ajunsesem să mă iau și la bătaie pentru prima dată cu cineva, ce am câștigat?

Respectul persoanelor respective?

Nu, evident că nu, doar frica acelor persoane, frica de a nu-și lua iar bătaie de la mine dacă spun ceva greșit.

Unor alte persoane nu o să le câștigi niciodată respectul pentru că ele nu știu ce înseamnă acest lucru, nu știu cum e să fii om și nu o bacterie care distruge tot în jurul ei.

Simplu, le bagi două pule în gură și mergi mai departe, să vezi cât de invidioși vor deveni după, dar sincer, nici nu ar trebui să-ți pese, dacă devin invidioși înseamnă că munca ta prinde roade.

Așa este societatea pe care am creat-o, am evoluat, dar în prostie, evoluția nu înseamnă pierderea valorii morale, ci evoluția în ceea ce ne privește pe noi ca și popor, ca oameni, să vrem să ne ajutăm din ce în ce mai mult, să lucrăm în echipă pentru a atinge imposibilul, unde sunt mai multe creiere, imposibilul se poate atinge mai repede.

Ce știm noi, societatea de astăzi?

Știm că trebuie să facem tot de unii singuri pentru că nu ne ajută nimeni și oamenii sunt răi.

Și uite așa, fie suferim și ajungem la concluzia că oamenii nu merită nimic, fie ajungem să fim luați de proști.

Societatea este un complex de oameni, iar dacă nu vrem toți să ne schimbăm gândirea, cel care va încerca de unul singur, va fi omorât de către toți ceilalți.

Așa am ajuns, evoluția este egală clar cu prostia, întrucât asta am vrut să creăm sau am făcut-o fără să ne dăm seama.

Noi, oamenii, suntem egali ca și ce putem face, însă suntem diferiți, pentru că unii alegem să ne focusăm pe ceva, alții pe altceva.

Ăsta este un complex, un biosistem, păcat că nu știm să-l folosim, ci alegem să-l distrugem, distrugându-ne de fapt pe noi înșine.

Aici am ajuns, acum ar trebui să suportăm, nu?

Da, dar nu și oamenii de valoare care nu acceptă această distrugere.

Asta n-au înțeles toți, distrugând un complex, distrugi tot, nu doar o parte.

CAPITOLUL 20

Să revenim la storytime-ul nostru.

După ce am aflat cum este societatea, fraged fiind, am ales să-mi caut fericirea în iubirea pe care mi-o poate oferi o femeie. Nu știu ce a fost în capul meu, pentru că de îndată ce știam cum sunt oamenii, era evident că și femeile sunt la fel, nu?

Adică, dacă ești femeie, nu ești om, sau cum?

Mare greșeală să-mi pun încrederea în anumite fete, am avut de suferit, evident, și știți asta din Partea I, dar păcat că nu m-am oprit la tot ce s-a întâmplat înainte să ajung la Miss Y și Miss X. Hai să o botezăm, acum, și pe fata pentru care îmi omorâsem tot sufletul până în Partea III, îi vom spune Miss Z, pentru că tot din aceeași categorie face față, nu?

Miss Y, Miss X și Miss Z au fost probabil femeile care m-au făcut să-mi schimb total perspectiva despre femei. Vedeți voi, celelalte, ce fuseseră înaintea lor, nu reușiseră să facă asta, deci într-un fel, le mulțumesc.

Nu voiam decât iubire din partea unei fete pe care o iubeam. Frumos, imposibil și eronat toată povestea asta cu iubirea.

Societatea nu mai e la fel, se duce pe pulă și eu caut iubirea adevărată în orice zdreanță îmi iese în cale. Hai să fim serioși, nici nu ar trebui să am așteptări.

Acest lucru m-a făcut să nu am încredere nici în fata pe care o iubesc acum, pentru că nu pot să spun că o cunosc în întregime și nu poți să spui niciodată că știi un om complet, în întregime.

Trebuie să fii perspicace în tot ce înseamnă oameni și abia atunci să-ți faci speranțe cu adevărat.

Bun, o iubesc, dar asta nu înseamnă că ar trebui să am neapărat așteptări mari de la ea. Oricând poate să plece cu altul și să nege că a ținut vreodată la mine.

Încredere, pui, însă nu pui toată încrederea, niciodată, pentru că te răcești. Tu știi, până la urmă, dacă ești capabil să înduri multă durere, dar să nu fii uimit dacă înduri și tu ți-ai pus toată încrederea.

Iubește-te pe tine cel mai mult și după pe restul, restul pot să plece, tu rămâi până mori.

Mai are rost să mă plâng aici cât de mult o iubesc pe fata asta?

Nu, pentru că nu pot să am deja așteptări așa mari de la ea și poate oricând să mă dezamăgească și să-mi dovedească că este ca toate celelalte.

Așa că, aleg să țin sentimentele pentru mine și în același timp, să nu pun așa multe.

Este cel mai bine și cel mai demn lucru pe care îl pot face pentru mine, în primul rând.

Și cu această parte, am ales să închei toată cartea, întrucât am spus tot ce am avut de spus și sper ca cei ce citesc să învețe ceva din experiențele mele și să nu-și pună atâta încredere în absolut niciun om de pe pământul ăsta.

Dacă am învățat ceva din viața asta, am învățat să mă doară în pulă de cine doare în fund de mine, indiferent că e femeie sau bărbat, gay sau lesbiană.

Toți sunt oameni și toți pot oricând să arate că au eșuat din a fi om și a avea valori morale.

Iubește pe cine merită, oferă cui merită, fă sacrificii pentru cine merită și ai încredere în cine îți dovedește că merită.

Învață să cunoști omul după aspect, comportament, prieteni, însă nu-l judeca niciodată pentru alegerile lui, pentru că acel om poate fi un om bun și de valoare. Nu ai cum să-l cunoști niciodată în întregime, nu citești gânduri și nu ești vrăjitor să îi vezi trecutul și viitorul.

FINALUL

Dacă ai ajuns aici, aș vrea să știi că această carte a fost scrisă din dorința de a mă descărca și a învăța caracterele ce încă mai au demnitate, că nu toți mai sunt oameni, și pe mulți i-a transformat societatea creată.
Îți mulțumesc pentru timpul acordat citirii acestui jurnal și sper ca tu să nu treci prin ceea ce am trecut eu, să te călești singur și să nu te lași călcat în picioare de caracterele infecte create de această societate.
Fii ce vrei, fă ce vrei, ascultă doar de tine pentru că tu știi ce este mai bine pentru tine și caută iubirea pierdută de mulți printre pagini.